LOS POEMAS DE UN ALFARERO DE PENSAMIENTOS

Marco Antonio Manjón Martínez

COLECCIÓN ITES

LOS POEMAS DE UN ALFARERO
DE PENSAMIENTOS

© Marco Antonio Manjón Martínez
© del prólogo: Julio C. Rico
© de esta edición: Olé Libros, 2025

ISBN: 979-13-87951-20-7
Depósito legal: V-4469-2025
Impreso en España

KALOSINI, S. L.
Grupo editorial olélibros
equipo@olelibros.com
www.olelibros.com

Con todo mi cariño, para mi suegra Teresa, que acaba de cumplir 100 años. Una mujer campesina que, a pesar de las dificultades con las que le ha tocado lidiar, ha sabido ser ejemplo, ganarse el amor, el respeto y la admiración de cuantas personas hemos tenido la suerte de cruzarnos en su camino.

PRÓLOGO

Marco y yo nos conocimos hace algo más de diez años. En un principio nos unieron las ideas de construir un mundo mejor para todas las personas. Y seguimos en ello. Pero en el fondo había algo más. No solo coincidíamos en el modo de sentir, pensar y actuar en la vida. Escarbando bajo ese sustrato había (hay) una fuerte dosis de afecto.

No nos hace falta hablar de intimidades ni estar colgados del teléfono todos los días. El tiempo y la distancia tampoco son un obstáculo. Marco sabe dónde me puede encontrar; y yo a él también. Por eso, cuando, en esa semana de tregua al calor que nos dio el mes de julio, Marco me llamó para preguntarme si me apetecía escribir estas líneas y leer su poemario, le dije que sí. No tuve dudas.

No tuve dudas de que lo que me iba a encontrar me iba a gustar. Primero porque sé cómo siente Marco. Porque sé cuánto ama. Porque sé —no hace falta ni decirlo— lo que sonríe. Porque sé cómo se manifiesta el Amor —sí, con mayúscula, este— de Dios en su familia. Porque sé sobre la generosidad de Marco, de Lourdes y de sus hijos. ¡Ah!, y de sus nietos. Y de esa otra familia tan grande y tan querida como es su Iglesia, su Casa Grande, sus amigas y sus amigos —entre los que me cuento—.

Y dicho esto, lo que tú, amigo lector, amiga lectora, tienes en tus manos, el poemario *Los poemas de un alfarero de pensamientos*, es de lo que hablaba en el párrafo anterior, pero multiplicado por cien, por mil, por un millón. Los poemas de Marco tocan lo más profundo de la mujer y del hombre. Y lo hacen con una delicadeza sublime, tierna y espiritual. Acógelos con el mismo amor con el que los ha escrito Marco. Degusta cada verso; no lo pienses mucho, solo recítalo despacio..., en estas palabras está el secreto de lo cotidiano, de las cosas pequeñas de la vida.

En ocasiones la vida nos da la oportunidad, única, de tocar el alma del lector. Lo hace en ese instante fugaz en que tenemos el agua en las manos antes de que se escape entre los dedos. Marco ha enterrado esa semilla del Evangelio, pequeña, insignificante; ahora es tiempo de que dé fruto en cada lector. Y es ahí donde realmente vive la esperanza en un hombre y una mujer mejor para un mundo mejor

Gracias, Marco, por hacernos creer y crecer desde lo sencillo.

Julio C. Rico

POEMAS DE AYOLUENGO

La fuente de mi pueblo

El agua cae clara, pura, sin mancha,
entre remolinos y alegres sonidos,
hasta el fondo de una pila de piedra,
con un susurro de triunfo.

Al lado está,
bañada por el polvo del camino
que al pueblo lleva,
la fuente de mi pueblo.

De piedra,
de su caño negro
llora,
clama con su llanto día y noche.

¡Sola!
Arrinconada en un lugar oscuro,
agoniza cuando el trigo amarillo brilla
muerto ya.
Renace su murmullo con la nieve,
pero, terca,
la fuente de Ayoluengo,
mantiene en el tiempo su canción.

Viven en el pueblo

Suena un lejano ladrido.
La débil luz de la farola gris
se precipita fugaz entre las sombras.
Llora el viento su canto tras los cristales.

Surge la bruma, entre azul y gris,
de la oscuridad inmensa
y penetra rápida, húmeda,
en el haz luminoso de la farola.
¡Qué infinita es la niebla en la noche oscura!
Cruza hábil calle arriba,
tras la ventana, allá afuera en la calle,
y desaparece de nuevo
en la oscuridad cercana.

Dentro,
el hogar sencillo de la casa solariega
mantiene sobre la palma de una plancha de hierro,
con sus vivaces crujidos, el fuego
que emana de los troncos resecos calcinándose,
que alimentan las llamas de los años.

Viven aquí.
Trabajan, sufriendo la pobreza, la tierra.
La alegría, la amargura, las canas, la pobreza
no apagan las ganas de vivir.
Trabajan, gozan, ríen, lloran como todos,
y... un día, rezando, mueren.
Y se quedan aquí para la eternidad,
en el cementerio,
verde cuadrado apretado
entre paredes de piedra,
tras la iglesia del pueblo.

Solo paz

Levanto la vista alegremente,
he encontrado un rincón tranquilo entre las rocas.
Siento que se inunda de paz mi alma inquieta
y olvido todo cuanto existe lejos.

¡Me siento yo, solo, nada más!
Pienso,
lejano quedó el dolor, el sufrimiento;
el bullicio enloquecedor, la gente;
el sentimiento de un amor pasado;
el trabajo, mis luchas y una muerte.

¡Solo yo con la paz anhelada!
Un lugar para observar
el ocaso de una tarde perecedera,
los altos árboles de aquel bosque,
las casas, a una hoguera
y la suavidad de las sombras
difuminándolo todo al finalizar la tarde.

Y, por fin, llegan las tinieblas,
es de noche.

¡Solo quedo yo con la paz anhelada!

TARDE DE LLUVIA

Una tarde como tantas,
desde un rincón cualquiera,
miro por la ventana.

Las nubes grises, lluviosas,
cruzan desde el horizonte,
tras esas rocas, sobre el Alto,
solitario y rectilíneo,
que cobija, humillando,
los tejados rojos,
por el agua brillantes,
de las casas de mi pueblo.
De mi aldea amada y campesina,
solitaria y tristemente apagada.
Únicamente despierta por el toc-toc
del agua sobre la tierra roja y cocida
de las tejas de sus casas.

Tarde tras tarde de lluvia
la gente, en sus casas espera,
soportando la tristeza
de esas tardes grises de primavera.

Es en mi pueblo la paz,
monótona paz de un día de lluvia,
un día perdido o amado tal vez,
según el motivo
de las necesidades de la tierra.
¡Campesino, que en tu pueblo
aguantas la lluvia y el sol,
verás crecer tus cosechas
y a su tiempo podrás segarlas!

TORMENTA

En la lejanía del horizonte
te observé.
Desde la seguridad
de la distancia
regalaste de emociones
mis sentidos.

¿Quién se acerca
sin temer a tus sonidos
y con sus ojos
espía la descarga?

No hay mirada que pueda conseguirlo;
tus rayos se escapan, imposibles,
en la fugacidad
de un tiempo imperceptible.
Yo prefiero
disfrutar de los lejanos estampidos
que sentir
el retumbar cercano e impresionante
de tus cañones celestiales.

Pero
¡qué eternidad despierta el firmamento
en la mente de aquellos campesinos,
que ni a respirar se atreven
en los momentos
en que, majestuosa,
la tormenta
impone sus rayos y sonidos,
que sin pan los dejara, imperturbable!

Un borracho más

Borracho, siempre borracho,
sonreía a los demás.
Borracho, siempre borracho,
no se acordó de mirar.

Las luces resplandecían
en un coro de unidad
y vieron como moría
un hijo de la crueldad.

No supo que llegó el momento
de abandonar su ciudad.
Se negaba, como cientos,
a dejar su realidad.

Dejó una calle marcada
que no volverá a pisar.
Borracho cruzó la vía
que nunca podré olvidar.

Era una noche cualquiera,
estrellada y turbulenta.
Toda la gente vivía
la alegría de la fiesta.

Ya nada podía esperar
de este mundo y su amistad,
solo sufrir la tristeza
de su plena soledad.
El clamor del hombre aquel
nunca lo podré borrar.
Aunque su boca riera,
lloraba su realidad.

Borracho pagó la culpa
que nadie quiso pagar.
Siempre se dijo de él
«un borracho, nada más»,
y cuando murió no vieron
su cara, su seriedad:
¡a un hombre que sintió siempre
el desprecio en los demás!

POEMAS SURREALISTAS

Anochecer surrealista

Espera la nostalgia fría
que el esplendor, ya rojizo,
entre, pleno de envidia,
en su cegado destino.

Calumnia siempre la boca
los interminables momentos,
es el sentimiento opaco,
mientras sonríen los vientos.

Apagando está su rayo el dios
que veo en el alto rojo.
Tras la montaña de rocas
se cegarán ya sus ojos.

Ocaso del uno, del otro,
los continuos se apagaban
siguiendo el turno del año
con su romántica danza.

Luce, apaga, suena, calla
en el silencio tu sed.
La espiga dorada luce
con menos brillo esta vez.

Las formas, entre tinieblas,
ocultaban su semblante.
La luna, madre del cielo,
no mostraba su turbante.
Ronronea, ser sin gloria,
cantando un ritmo continuo,
entre la mata incolora,
sin saberte comprendido.

Es ese momento que sueño,
cuando la paz ilumina,
con sus tinieblas, la noche
y todo ramaje en la vida.

¡Mata el miedo, pensamiento,
no atormentes mi descanso,
la tarde, la vista, el día
no existen en este canto!

¡Solo la sombra que vive
de la ausencia de la luz
tiene derecho a su llanto!

El funeral de la masa

Alegría que se siente
cuando la luz ya brilló,
es decir, cuando la luna
apagase ya su voz.

Es, muchacho, tu destino
el trabajar en la vida.
Encerrada ya en su mundo,
del corazón es la herida.

Cuando el león rugiente
por la boca te mirara,
el tinte, sangre del alma,
es tu serpiente colmada.

Lucha, luna, lucha, lucha,
mientras la noche perdure.
Lucha, tierra, lucha, lucha,
que el mar no te devore.

Se acabó ya tu esperanza.
Que la salida se cierre.
Que no sale nada en vida
cuando la muerte se cierne.

Lucha, hombre, lucha, lucha,
aunque la luz se desplome
sobre el espantado siervo;
se sirviera del momento,
por lo demás nada hizo.

Lucha, cielo, lucha aire,
para que el pájaro vuele
sobre tu clamor maldito,
sobre el techo de la nada.

Lucha, tierra, lucha, lucha,
pues tu final se desata
ante el animal y garra
del funeral de la masa.

La vida busca la perfección
y liberarse de la materia
con su continua danza de vida y muerte,
buscando la independencia espiritual.

QUERIDA NOCHE

Querida noche,
mi negra;
traga las luces,
traga mi ser.

Cabalga en silencio,
negra noche,
que pareces calavera,
como muerte en los talones.

Porque
¡oh noche de los terrores!
solo asustar has de hacer,
en esas horas,
con temores,
por no querer
yo querer,
en las horas de dolores,
que renazcan los rencores,
con su peso,
en mi conciencia,
en mi cabeza de viejo.

¡Querida noche!,
¡mi negra!

Absorción

Quiero advertirte, rayo amigo,
contra el firmamento
que se te va a tragar.

Es la luz,
con su multicolor fundido
en un rayo blanco,
lo que se irrita
ante la presencia de un obstáculo negro.

Pero
no se puede parar
ni impedir que se lo trague.
Y...
así se crea
la sensación del olvido,
porque concluye toda absorción
y el colorido muere
donde no llega la presencia de la vista,
ni, tan siquiera,
la mente humana.
No queda nada
de su brillante carrera
por los firmamentos de Dios.
Sería
un segundo de luz
que se acaba para siempre
tras su carrera estelar.

Paloma sucia

Yo la vi.
Picoteando estaba
el asfalto,
entre los zapatos presurosos
de la gente que pasaba.

Sus ojos,
perdidos entre los ruidos,
parecían no mirar,
casi vacíos.

Yo la vi,
sucia y sola,
medio loca,
en el casco viejo
de una ciudad cualquiera.

Yo la vi,
picoteando cualquier cosa
por las callejas,
un viernes por la tarde.

La negrura de la mugre
que cubría su cuerpo
ocultaba su plumaje,
eclipsando el símbolo de la paz.

¡Paloma blanca,
manchada por todas partes!

Yo la vi,
medio loca,
entre la grasa que la gente dejaba
por las callejas,
en aquella ciudad,
un viernes por la tarde.
Y el calor implacable
lo hacía todo más difícil.

Yo la vi.
Enterrada su blancura,
enlutada su nobleza,
solo le quedaba... locura.

POEMAS SENTIMENTALES

Visión y sentimiento

Necesito la calma tierna
que me permita ver
el porqué del más y más
de cada día.

¡Déjame sentirte cerca,
que exploto en mi interior de desconcierto!

¿Dónde está la esperanza...?
Se ha perdido entre la ambigüedad de la vida humana
del día a día,
del codo a codo,
de la codicia y la envidia cotidiana.

Se desgastó,
se rompió con el roce,
desengrasado de amor,
entre el paso y paso del caminar humano.

¡Esperanza!,
¿dónde estás?,
¡te necesito!

¡Déjame sentirte cerca,
que exploto en mi interior de desconcierto!

Sensación de amor

Es como un aroma puro
venido del más allá
hasta el corazón oscuro
perdido entre la maldad.

¡Nunca sentí nada igual,
hasta que llenó mi ser
con esa paz especial
y un toque de su saber!

Hoy,
he encontrado un camino
y me he levantado temprano
para caminar veloz.

Hoy,
ha sonado en mi vida el sonido,
tanto tiempo soñado y dormido,
hoy he escuchado tu voz.

Tus ojos

Tus ojos me miran,
me llaman,
me hablan,
me dicen,
me cuentan,
me siguen,
me aman.

Tus ojos penetran
en todo mi ser.

Tus ojos generan
una sed ardiente.

Tus ojos me llenan
de frescor alegre.

Tus ojos se cuelan
por cualquier rincón,
robándome, incluso,
hasta la razón.

Tus ojos me hacen
decirte que sí.

Tus ojos me hacen
sentirme feliz.

Mientras, espero

El aire frío
no separa la añoranza de la realidad
en las profundidades de mi mente,
esta mañana,
mientras espero.

En el reloj,
la aguja,
que los minutos marca,
resbala golpe a golpe
dejando al descubierto el fluir de la existencia.

Mientras espero,
sentado en mi coche
observo
cómo descienden,
una tras otra,
las gotas de escarcha,
que se van derritiendo,
parabrisas abajo
hasta el final.

Las gotas
filtran y descomponen la luz
en mi mirada,
que se pierde
en cualquier punto lejano de la calle,
y difuminan mis pensamientos
mezclados
entre los siete colores
que forman su luz blanca.

Mientras...,
espero que tú llegues
y me ilumines con tu sonrisa
llena de amor.

ELLA

Me es muy difícil
decir con palabras lo que siento
cuando pienso en ella,
así, de repente.

Es una mujer dura,
que dice lo que piensa.
No es alta, pero sí fuerte,
una auténtica castellana
con expresión enérgica
y firmeza de carácter
que me vuelve loco.

Imposible evitar la atracción de su mirada,
caer rendido ante su rostro
coronado por dos grandes ojos verdes
que todo lo ven;
con una boca sencilla y atrevida,
cuyos labios, bien marcados y perfectos,
te invitan a pensar...

El pelo suelto le cae
y se derrama de forma pausada y dulce,
como una cascada ondulada y limpia,
de color castaño,
sobre la parte superior de su espalda
y sobre unos hombros delicadamente curvados.

Así es,
a simple vista,
mi esposa, Lourdes.

La compañera
que la vida me ha dado,
¡mi amor!

Pero,
a oscuras, en la intimidad,
cuando reposa sobre mi pecho,
tan pronto es un dulce remanso de aguas tranquilas
que descansan, ocultándolo todo
en el fondo de sus ojos teñidos de verde,
como se transforma
en un torrente rápido,
que salta de piedra en piedra,
rompiéndose en mil pedazos
hasta salpicarme con su pasión.

Solo entonces,
desde muy cerca,
puedo ver transparentarse
los peces que nadan en su pensamiento
por el torrente de sus ideas,
confiados y tranquilos,
sobre el fondo de las piedras redondas
de su vida.

Y veo su amor,
y veo su ternura...
Y veo a la mujer,
a mi amante,
a la madre de mis hijos.

Despertar adolescente

Sombra pasajera
continua y sin fin,
rondando la vida
de quien aspira vivir
vas.

Baúl de sufrimientos,
desesperación odiada,
ante mí caminas
clavándome espinas.

Sangrientos los pies,
llorando de dolor,
tercamente sigo
sendero tan duro,
¡sendero de amor!

Desdén insoportable
a mi cuerpo hiciste,
como espada asesina
con ansia aniquiladora,
arrancaste de mi alma
deseos tan ardientes,
¡deseos de amor!

Sueños

Soñé que tú me mirabas,
soñé que tú me querías.
Desperté,
y solo era un sueño
todo cuanto me decías.

Soñé con sueño profundo.
Soñé cuanto yo anhelaba.
Soñé, que sueños confundo,
que la gente no me amaba.

¡Ay, soñador que sueñas
sueños sin ilusiones,
porque en la vida las dueñas
siempre son las ambiciones!

A los sueños no permitas,
me digo cual soñador,
que devoren cual termitas,
por dentro, mi hombre interior.

Pero siento que por las noches
soñando yo seguiré.
Y pienso en tantos reproches
que soñando viviré.

DESEO

Fuego de luna sedienta es el deseo.
Faldas con vuelo brillante,
entre miradas y risas,
se recorta la presencia de un amante.

Siempre surge el deseo en un momento incierto.
Imágenes de cuerpos sudorosos,
vientos de vista que el sentimiento encienden.

Los labios sueltan suspiros de afecto.
Hablan rodillas cruzadas
con su bamboleo;
mensajes que captan
mentes con firmes aspiraciones.
Sus deseos ocultos en el pensamiento están,
traicionados inocentemente por sus ojos.

Es la hora del amor,
susurran unos y unas.

Entre los brazos abiertos
se precipitan los cuerpos.
Esperan el intercambio
sedientos labios los besos.
Las manos, fugaces, buscan
los lugares placenteros.
Senos redondos
que amamantan el deseo.
Sudan los cuerpos...

También suena una campana
en el claustro opaco,
cegado por la tarde,
en un convento cercano,
y los monjes a la iglesia se encaminan
para orar,
arrastrados por su pasión.

Vuelve a sonar la campana a la media hora.
Media hora de amores tan diversos
que, en las vidas de la gente,
en una tarde cualquiera,
se reflejan.

SUENA

Y esa guitarra
que suena en tus manos
al corazón me llega
y me habla,
con su dulce susurro,
sembrándome esperanza.

Y despierta en mí
la sensación de vida,
que mana,
fluyendo cuerpo arriba,
y se escapa,
rompiendo los esquemas
de mi mente.

Todo mi cuerpo vibra,
con su rasgueo,
hasta la sensación de infinito.

Todo mi cuerpo a una
con tu canto.

No podré decir
que no te he escuchado.
Solo podré gritar
que, con tu música,
hoy, me has amado.

Iñaki

Anoche te fuiste
de paseo a la eternidad
y dejaste tu recuerdo
en nuestras mentes
y una lágrima fugaz
en nuestros ojos rojos.

Anoche te fuiste
de paseo a la eternidad
y dejaste una espina aguda
clavada en nuestras dudas,
o
una llama de esperanza
que aviva la fe dormida.

Anoche te fuiste
de paseo a la eternidad
y
recuerdo tu semblante
preñado de ilusiones,
tus palabras tranquilas...,
el vibrar de la guitarra en tus manos...,
tus canciones.

¡Anoche, fue anoche!
Una noche de ilusiones infantiles,
una mágica noche...
de Reyes.

EL OTRO AYER

Hace tiempo
que alguien me arrancó
la realidad que me amamantaba.

Hace tiempo
que sentí
que algo me traspasaba

Hoy
no entiendo
la razón del porqué
de esa angustia
que permanece clavada.

Hoy
anhelo
y lloro de nostalgia
por esa vida acabada.

¿Qué pasó
con la sangre derramada?
¿Qué fue
de las lágrimas lloradas?
¿Qué acabó
con la esperanza soñada?

Hoy
respeto la historia recordada.

Hoy
no acato la historia denostada.

Amigo

Espero ser tu amigo
hoy...
y mañana...
Y que,
cuando me cruce en tus pensamientos,
aparezca siempre
la palabra *amigo*.
Y que,
cuando te cruces en mis pensamientos,
aparezca siempre
la palabra *amigo*.

Espero ser tu amigo
hoy...
y mañana...
Y que,
cuando te cruces en mis pensamientos,
seas del sexo que seas,
tengas las ideas que tengas,
aparezca siempre
la palabra *amiga* o *amigo*.

POETAS

Poetas son los que miran
por la ventana infinita.
Los que pintan rosa el aire
en un firmamento azul.

Poetas son los cantores,
que trinan, los ruiseñores,
a la sombra de una hoja
o en la rama de una encina.

Poetas son esos locos
que plasman en los papeles
el perfume de una rosa
adornada con laureles.

Poeta, ¿quién es poeta?
poetas no todos lo son.
Poeta, ¡pobre poeta!,
poeta, ¿quién eres tú?

Soy un pájaro enjaulado
en la jaula de la vida.
Un pez que coletea
y que, entre redes, espira.
Un ratón envenenado,
que a tropezones camina.

Soy el viento que protesta
ante una pared molesta.
Soy la luz, una bombilla,
que en mi pensamiento brilla.
Soy un soñador que aspira
a triunfar en esta vida.

Soy un hombre, solo un hombre
que, desde el mundo, te mira.

Dolor

A veces,
la vida parece un sueño.
Pero cuando,
en ocasiones, despertamos
no podemos evitar
que
por nuestras mejillas
resbale una lágrima.

POEMAS FAMILIARES

A MI HIJO DANIEL,
EL DÍA QUE CUMPLE CUATRO AÑOS

Me gusta tu sonrisa,
tus abrazos
me hacen sentirme persona
y, algunas veces, incluso,
me hacen llorar emocionado.

Me gusta saber que me quieres
y que tus ojos se fijan en mí.

Me preguntas cualquier cosa,
por preguntar,
sin ningún sentido,
para escuchar mi voz
y saber que estás ahí,
ocupando mi mente en su totalidad.

¡Tu ambición de amor no tiene límites!

Mi atención de padre
y tu atención de hijo
se funden algunas veces,
llenando de ternura nuestras vidas.

Noto que brillan tus ojos satisfechos,
y tu sonrisa corona mi ilusión.

Tus palabras de sabio impertinente
me asombran
y tu lógica infantil ¡quién la tuviera!
Es importante saber que estás ahí,
aunque a veces no soy consciente.
¡Perdona mi inconsciencia!
Muchas veces olvido
lo importante que es amarte, cuidarte, educarte...
¡Ayúdame a hacerme contigo más persona,
más ser humano...!

Nana para Josué

El niño,
solete adorado,
descansa tranquilo
en su capacito acolchado.

No sueña con nadie,
rebulle travieso,
mientras parpadean
sus ojitos negros.

Descansa hacia abajo,
la cabeza a un lado
y en su naricita
susurra un campano.

¡Ya duerme tranquilo,
mi niño,
pintado un carrillo rosado!
Y a cada segundo
respira acostado.

¡No llores, mi niño!,
¡no llores, mi amado!
que tu mamaíta
descansa a tu lado.

Y el niño dormita,
tumbado de lado,
y su mamaíta
lo tiene arropado.

Feliz

Para mi hija Lara

He visto dibujarse una sonrisa en tus labios
y me he sentido feliz, muy feliz.

He visto cómo escuchabas atenta
el sonar de mis palabras
que pintaban el asombro en tu cara juvenil.
Y me he sentido feliz, muy feliz.

He soñado
que aprendías a amar la vida
y a vivir con esperanza,
moldeada con las palabras
que han nacido en el corazón de mi amor por ti.
Y me he sentido feliz, muy feliz.

Te he hablado
sembrándote esperanza,
que espero nazca, crezca
y dé su fruto en ti.
Y me he sentido feliz, muy feliz.

AUTOCARICATURA ADOLESCENTE

Soy un hombre muy triste,
muchacho con mucha casta,
con poco aprecio al trabajo,
pues prefiero la vagancia.

Soy estudiante de boca,
como demuestran los hechos,
muy dormilón y tranquilo,
ante las adversidades quieto.

Me gusta mucho la juerga,
la crítica sin motivo,
el dominar, sobre todo,
sin que trabaje un sentido.

Quiero ser siempre el primero
entre los demás conocidos,
ser el jefe en ocasiones
y que me presten oídos.

A la gente dominante
siempre envidia he tenido
y si no estoy entre ella
pronto me siento cohibido.

Aprovecho en lo que puedo
esos momentos llegados,
pues, si nos descuidamos,
enseguida serán idos.
Y, esta es mi vida, señores,
no me digan que las suyas
son, de calidad, mejores.

ÍNDICE